구름아 바람아

구름아 바람아

생의 순간 순간들... 구름이라 부르고 싶었다.
우리의 사랑을, 한줄기 「바람」이라 부르고 싶었다.

김 태 호 지음

세연T&A

시인의 말

저 하늘에 흘러가는 구름처럼
저 하늘에 머무는 바람처럼
스쳐 가는 순간순간을
구름에 적고
바람에 실었습니다.

긴 시간
늘 함께해온 아내와 두 아들과
시집 출간의 기쁨을 함께하며
그리고
흔쾌히 출간을 허락해 주신
이서원 사장님께 감사드립니다.

2018.8.10
양재 구룡산 기슭에서

차례

2. 바람아 바람아

3. 400리 서울둘레길에서 찾는 행복

1. 구름아 구름아

시청 앞을 지날 때면

시청 앞을 지날 때면
스린 아픔을 머금은 채
끝없는 안개 속으로 사라진 추억이
슬픈 영화의 시작처럼 아련하게 밀려온다

춘삼월 수줍은 제비꽃을 보면
순이는 엄마가 되고 나는 아빠가 되어
제비꽃 열무른 씨앗으로 쌀밥을 짓고
소꿉장난하던 사랑이 스쳐가고

사월의 싱그런 밀보리를 보면
얼굴 가득 새까맣게 숯검정을 칠하고도
하얀 이빨을 드러내고 밀알을 찾았던
밀살이 하던 동무가 그리워진다

오월의 탐스런 복숭아를 보면
하얀 달빛 쏟아지는 삼경에
친구와 함께 강아지처럼 밭고랑을 기어서
복숭아 서리하던 추억이 새로워지고

유월의 밤에 피어나는 하이얀 박꽃을 보면
밤새 모은 오줌이 쏟아질세라
요강을 가슴에 안고 박뿌리 근처에 꿈을 뿌리던
어머니의 정성이 가슴을 여민다

시청 앞을 지날 때면
거대한 회색도시 속에서 피어나는
고향의 내음새가
샐러리맨의 하루를 싱그럽게 한다

지하철 5호선

새벽안개 자욱이 굼슬거리는 김포 들녘
어제의 피곤은 아직도 내 가슴을 누르는데
여인의 가슴처럼 나직이 솟아오른 개화산에서
기인 몸을 움직여 서울의 아침을 연다

코리아를 찾는 이방인과 김포에서 악수하고
63빌딩 위로 솟는 태양의 기운을 느끼며
나는 하나 둘 시민들과 포옹한다
이국에서 온 철새는 황홀한 몸짓으로
한강 위를 비행하며 아침을 희롱한다

600년 도읍지 서울의 젖줄은 머리 위로 흐르고
철새 한 마리 한강물을 튕기듯 날아가고
한강의 기인 밤을 낚은 사공들의 어우러짐
그 모습 깨트리기 두려워
하저(河低)로 달리는 나

사랑하는 자여
서울을 사랑하는 자여
그대 영혼 피곤하거들랑 내 가슴에 안기소서
그대 육신 저리우면 내 등에 업히소서
내 가슴 숨 막히고 내 등뼈 어스러져도
서울을 움직이는 그대만은 안고 가겠소

김포에 내리는 저녁노을
하나 둘
마지막 떠나는 이를 바라보며
또 다른 노동을 위해
개화산 기슭에서 피곤한 육신을 눕히고
나는 짧은 휴식에 젖는다

별을 찾아

눈이 시리도록
별들이 쏟아지는 밤
이름 모를 풀벌레들의 향연
들마루에 누워
밤하늘을 보며
은하수를 건너
셀 수 없는 별을 세다가
가슴에 고이 별 하나 간직한 채
매일 밤 소년은 잠이 든다

이젠 별이 보이지 않는다
아니
별을 보려고 하지 아니한다
검은 머리카락 사이로
밤하늘 별처럼 흰머리가 반짝거리고
별을 찾던 소년보다
더 자라버린 아들을 보며
또 하루가 침묵하는 늦은 밤에
보이지 않는 별을 찾아
시간의 벽을 기어오른다

그리운 별 하나
소년의 가슴에 묻어 두었던 별 하나
사랑이 아픔이 되고
아픔이 그리움이 되고
그리움이 추억이 되어
빈 술잔에 음악이 채워지듯
추억을 마시며
그 별을 찾아 나선다

경포호

태백의 순정이 모여
바다 같은 호수를 만들고
그 너머에서 들려오는
푸른 파도의 노랫소리

물안개처럼 피어나는
고요한 삶의 정겨움
솔향기에 취한 시간이
경포로 흘러든다

북악산

북악산에 오르니

권력의 정점에서
왔다가 사라져 간

수많은 인간의 욕심들이

잿빛 공간으로 흘러가는
한 조각 구름처럼

무색의 숲속에 흩어지는
산새의 노래처럼

성곽을 타고 멀어져 간다

금정산성 제1망루대에서

외로운 망루대는 산새 홀로 지키고
계곡을 타는 바람 성벽에서 쉬는데
멍들은 역사의 가냘픈 전진은
수영만 그즈음에서 걸음을 멈추었다

불타는 석양은 해변을 맴도는데
세월의 능선을 홀로 오르는 나그네
한 어린 항만도시 회색으로 변하고
굽어보는 망루대는 말을 잊은 지 오래

분노한 병정의 무서운 눈동자
미쳐 날뛰는 왜적의 혼을 앗고
송부사의 고함소리는 현해탄을 건넜다
성벽 위로 피어나는 그날의 애국충절

병정은 잠들어도 역사는 녹슬지 않아
산성을 지키는 한 그루 소나무
오가는 나그네의 걸음을 멈춘다

중년의 재회

두메산골 고사리손들
어무이 아부지 손에 이끌려
학교라는 울타리에 함께 모였지
만남의 의미도, 사랑의 아픔도
삶의 의미도 모른 채
사탕 하나 빵 한 조각에
승부를 걸었다네

세월이 흐르면서
청춘의 아픔은 편지로 남기고
사랑을 하고
우리는 저마다의 삶을 위해 떠나갔네
친구도 잊고
자식, 남편, 아내를 위해
우린 힘겹게 삶의 무게를 이겨왔구나

이제 오십을 넘기고
뒤돌아보는 지나온 인생길
참 멀기도 하다만
시간은 왜 그렇게 빨리 흘렀는가
초딩 때의 사진 한 장에
이렇게 즐거워하는 사랑하는 동무들아

너희들 가슴 속엔 아직도 산골 소녀, 소년의
순수함이 남아 있구나
그 맘 늘 고이 간직하고 살아가려무나

중년이 지나고
기차가 종착역을 향하듯
우리들에게 황혼이 찾아오는
어느 추운 겨울날
고향마을 순이네 집에 모여
화롯불 피워 놓고
오늘을 이야기하면서 밤새워 보자꾸나
사랑하는 친구여

북한산 백운대에서

얼음 밑을 흐르는 계곡의 물소리가
진달래 꽃망울을 어우르고 있는데
봄이 오는 소리가
들리지 않는가?

왜곡된 푸르럼은 한 잎 낙엽으로 막을 내리고
인고의 세월은 끝이 나려 하는데
동토에 스미는 봄기운을
느끼지 못하는가?

안으로 안으로만 움츠러드는 암울한 역사는
한 어린 백운대에서 기지개를 펴는데
인수봉을 떠나가는 안개의 흐느낌이
들리지 않는가?

수락산에서 아침을 열고
백운대 인수봉을 말없이 스쳐 가며
서해로 침묵하는 태양의 숙명이
보이지 않는가?

어디서 어우러지는 새들의 씻김굿
우리의 봄을 찬양하는 무리에 끼여
동토를 그리워하는 까마귀는 떠나가라

진달래의 찬란함이
북한산 허리를 감돌 때
님이여 잊지 마소서
눈보라 휘날리던 지난겨울의 백운대를

봄비 I

봄비가 내린다
아직도 남아 있는 겨울의 잔재들
차가움, 아픔, 그리움
해들지 않는 어느 골짜기에 숨어 있는 잔설 한 줌

이른 아침 해뜨기 전에
이들을 모두 씻기우고 떠나보내기 위해
새벽부터 봄비는
꽃망울 틔우는 나뭇가지 사이를 헤집고
바람에 흩날리며 흘러내린다

무엇을 위한 몸부림인지
속옷 하나 걸치지 않은 채
벚나무는 부끄러움도 없이
온몸으로 봄비를 맞고 있다

여의도에 봄비가 내린다
그건 분명
얼마 남지 않은
흐드러지는 벚꽃들의 축제
이 아침이 가고 나면 오게 될
그 황홀한 축제의 시간
그 긴 밤을 위함이 아닐는지

양구의 밤

멀리 멀리
서울에서 머얼리

암흑의 공간은
부엉이 울음에 재깍이고

적막의 시간은
개구리 노래에 반짝인다

깊이를 모르는 바다 위에
끝없이 펼쳐지는 별들의 향연

시간이 멈추고
과거도 미래도 현재도

그저
한 점에 멈추어 있을 뿐이다

해운대의 봄

바다가 고요하면 바다가 아니지
가슴이 잔잔하면 사람이 아니지

겨우내 얼어붙은 가슴에
봄이 오면 파도가 일어
여름엔 무디어지고
가을이 오면 어디론가 떠나가지

저 머얼리서 해무를 헤치고
부서지는 하얀 파도 소리에
미소 짓는 꽃잎의 수줍음 뒤로하고

삶 I

화려한 꽃보다는
수수한 나뭇잎이 되고 싶다
아름다운 꽃에는 벌과 나비가 모여 들어도
그건 꿀을 위한 순간에 불과한 것을

꽃이 지고 축제가 끝날 때
말없이 피어나는 잎이 되어
기나긴 시간을 늘 푸르게 살고 싶다
유혹의 향기가 없어도
벌과 나비가 오지 않아도

오뉴월 뙤약볕 아래
노동에 지친 새들에게
잠시 쉬어가는 그늘을 주며
해지는 저녁에 머무를 둥지를 위해
작은 공간을 내어주고

그리고 가을이 오면
말없이 사라지는 잎이 되고 싶다

봄비 Ⅱ

봄비는 소리가 없다
냄새도 없고
색깔도 없다
그저
삶에 무디어진
내 가슴을
꿈틀거리게 할 뿐이다

정오의 사랑

꽃이 웃고
사람이 모이고
시간이 머물고
바람이 쉬는 곳

따스한 햇살 아래
정오의 사랑이
소리 없이 영근다

사월을 보내며

하얀 수직 절벽 위에
전기라는 그 무형의 힘이
가해지면
어느새 커서가 깜박거리고
멍들은 목련 꽃잎은 시를 안고
봄비 젖은 하늘 위로 떨어진다

누른 때 튼 손에 꼬옥 쥔 몽당연필
혀끝으로 침 발라가며
한 자씩 꾹~ 눌러 쓴
이제는 기억에도 없는 그네들이
나도 모르게
가슴에서 기어 나와
이른 아침에 보는
영화의 스크린처럼
모니터에 나타난다

비는 슬픔이었고
해는 울음이었으며
어둠은 고독이었고
바람은 아픔이었다
삶은 고뇌였고
한 잔의 술이었다

식어버린 무쇠난로 옆에서
고요를 깨트리는 종소리
기억의 골짜기에
메아리되어 물결치지만
소리는 들리지 않고
눈에만 보이는 희미한 음파
다시 가슴에 녹아 없어진다

별 그리고 용서

어둠이 내리고
별이 쏟아지고
또 하나의 추억이 쌓인다

건네는 한잔 술에
사랑이 넘치고
비릿하게 익어가는 시간이
한줄기 연기로 피어올라
초롱초롱한 별들 속으로 사라진다

아아 여기는 연변땅
선조들의 숨결이 남아 있는
해란강 일송정에서
선구자의 외로운 길을 홀로 걸어본다
대성중학교 교실에 홀로 앉아
님의 녹슬은 고독을 닦아본다

찢어지고 갈라지고
반세기가 지나도
이념에 권력에 돈에 찌들어
과거도 잊고 미래도 보지 못하고
서글픈 현재를 살고 있는
이 뻔뻔스러움을 용서하소서

365 코너에서

365 ~
점 하나를 육오 사이에 찍으면 우리의 체온이 되고
점 하나를 삼육 사이에 찍으면 7의 반을 넘어간다
7은 행운의 수
너와 내가 반씩 나누어 가지고
남는 것은 나눔에 쓰라

365 ~
더하고 더하면 14라
행운이 배가 되고
빼고 더하면 2가 되고
큰 수에서 차례로 빼도 -2가 되니
너와 내가 함께 있음이라

365 ~
나누고 나누면 10분의 1
수입의 10%는 나눔에 쓰고
곱하고 곱하면 90이라
90세까지 이렇게 살았으면
365일 늘 함께 너와 나

여의대로에서

마포대교를 건너 여의대로
1차선은 비어 있다
2차선엔 마티즈가 달린다
그 뒤를 벤츠가 달린다
3차선엔 버스가 달린다
4차선엔 화물차가 정차해 있다
도로는 넓으며 하늘은 깊고 푸르다
평화로움이 한강을 따라 흐른다

갑자기 경적이 울리고
4차선을 달리던 소나타가 차선을 바꾼다
3차선을 넘고
2차선을 넘고
1차선으로 달린다
좌로 앞으로
좌로 앞으로
2차선을 달리던 벤츠도 1차선을 달린다

1차선과 2차선은
벤츠와 소나타만의 경쟁을 위한 길이 되고 만다
좌로 우로
우로 좌로
벤츠와 소나타의 앞을 향한 무한질주

그 뒤를
마티즈, 버스가 허덕이며 따라가고 있다
화물차도 낑낑대며 시동을 건다

한강 너머 저 멀리에
뭉게구름 걸쳐 있는 북한산이
서글픈 얼굴로
한강의 섬 하나를 내려다보고 있다

만하(晩夏)의 난(蘭)

여름이 가고
태양이 지고
회색빛 어둠 속으로
저녁밥 짓는 냄새가
굴뚝으로 피어오를 때
마지막 남은 열정으로
그대와 춤을 추고 싶다

물만 먹고 살아서 생긴
맑디맑은 살결을 부딪치며
1주일마다 한 모금 냉수로
한평생을 버티어 온 등줄기
하지만 하늘을 향한 꼿꼿함에
푸르런 날렵함을 잊지 않았다
이제 못다 한 정열을 불살라서
이 불타는 여름이 가기 전에
또 한 송이의 꽃을 피우련다

절망의 끝에서

지하철이 달린다
가도 가도 끝없는
어둠 속

아픔이 달린다
슬픔이 달린다
절망이 달린다
지친 하루가 쇠바퀴에 신음한다

목구멍에 숨이 차오를 때
터널의 끝이 다가오고
이제
돌아가야 할 종착역
희망이 저만치서
꿈틀거리고 있다

지리한 장마 끝에
빛나는 태양 같은
찬란한 내일의 꿈을
다시 지하철에 싣는다

하얀 보름달

보름달이 구슬땀 흘리며
35도의 찜통더위를
밀어내고 있다

저 산들이 술에 취한 듯
서서히 어둠을 토할 때면

오직 너 홀로 외로이
이 세상을 지배하리

저녁이란 시간

장마도 시작되지 않았는데
코스모스는 피고 지고
저녁노을 저 멀리
잠자리는 지친 날개를 퍼덕이며
일용할 양식을 구걸한다

머물 듯 흘러가듯
흐릿한 한강 위로
하루의 노동을 마치고
날아오르는 철새 무리
오늘 또 어디서 이 한밤
찬 이슬을 피할까

강아지풀 하롱거리는
여의도의 한 켠에서
내일의 새로운 노동을 위해
삶에 눌린 무거운 어깨를
잠시 내려놓는다

채송화

실 같은 뿌리로 살아서
아름다운 생을 피웠다

뜨거운 햇살은
두꺼운 손으로 막고

가녀린 발끝으로
물 한 모금 찾으며

한여름 기인 밤을
뜬눈으로 지새워

분홍빛 사랑을 피웠다

도시의 삶

회색도시의 하루가 저물고 있다

인형 같은 아해들의
시끄러운 외침을 뒤로하고
고달픈 하루의 노동을 마감하려

태양은 구름 저 너머로
지친 몸을 숨기고
짧은 휴식에 젖는다

서울역 대합실

어디서 왔는가 비둘기 두 마리
서울역 대합실 안을 날아오른다

올 땐 쉬이 왔지만 갈 곳 몰라 헤매며
오가는 이들의 시선을 모은다

어디로 가는지 모를 우리네 인생
저 비둘기 한 쌍과 같은 우리네 삶

떠나갈 기차 시간을 기다리는
시간과 공간이 쉬어가는 이곳

문득
그리운 사람이 나타나서
나의 어깨를 감싸주려나

오지 않을 헛된 망각(妄覺) ~~
기적 소리에 가방을 챙긴다

고향

고향은 그냥 그저 좋다
내가 미워할 사람도
나를 시기하는 사람도 없다

아련한 그리움이 남아 있고
편안하게 흘러가는 시간이 좋다

보이는 건
주인 없는 파아란 하늘
짙푸른 나무숲들

흘러가는 구름 한 조각
별과 달의 사랑을 엿보며

늙어 온 세월을 한 송이 꽃에
실어 보낸다

코스모스의 독백

긴 시간이었습니다.
지난 가을
첫서리 내리던 아침
엄마의 품을 떠났습니다

김포 들녘의 매서운 눈보라
한강에서 불어오는 찬바람도 견디며
봄 햇살 간지러운 어느 날 오후
잠에서 깨어났습니다
두꺼운 코트를 벗어던지고
연두빛 장갑을 끼었습니다

어린 동생의 여린 손을 잡고
유월의 긴 장마
칠월의 뜨거운 햇살
온몸으로 이겨내었습니다

이제 형아 누나들과
나란히 어깨동무하고
서녘 하늘에 어우러지는
찬란한 노을을 바라봅니다

이제 머지않아 우리도
저 태양처럼 사라지겠지요
그리고
또 다른 생명이 이곳을
지켜나가겠지요

고성 청학정에서

슬픔과 기쁨
분노와 절망이 어우러져
하늘이 맞닿은 곳에
수평선을 만들고

검푸른 공간 속에
기나긴 시간이 흘러갔건만
아직도 가슴에 남아 있는
젊은 날의 아픈 사랑은
흰 거품으로 쏟아진다

청학정 아래
온몸으로 절규하며
너를 잡고 쓰러지지만
넌 언제나 말없이
그 모든 것을 품어 주었구나

다시
저 수평선 위에
초승달이 얼굴을 내미는 날
모든 아픔을 여기에 내려놓고
설악을 넘어가리라

가을편지

그대여
창문을 열어 보라

파아란 가을 향기가
코끝으로 스며들고
깊디깊은 삶의 무게가
하이얀 양털처럼 가볍게
그대 가슴에서 날아가리

그리고
음악에 맞추어
춤을 추어 보라
리듬을 타고 흐르는
새로운 희망이
그대의 삶을 풍요롭게 하리라

그대여
바람에 하늘거리는
코스모스 곁에 서 보라
그들의 속삭임을 들으면
이 가을은
결코 외롭지 않으리라

고드름

영월 고씨굴에는
석순 대신
고드름이 자라고 있다

태어남은 이렇듯
고귀하고 성스럽지만
우리네의 사라짐은
고드름이 녹듯 한순간이라

어리석은 나는
동굴에 갇혀서
이 겨울 뒤에 오는
봄을 보지 못하는구나

욕망

한강물이 거꾸로 흐르고 있다

오늘만 그런 것이 아니고
가끔은 회귀본능인가
동쪽으로 갔었는데
무심한 내가 오늘에야 그걸 보고 있구나

고단한 날개 잠시 멈추고
물 위에 사뿐히 내려앉은 갈매기 한 쌍
밤섬이 흐르는지 물이 흐르는지
우리에게 그것은 중요하지 않다

역방향 KTX에 몸을 실은 연인들처럼
오늘
서에서 동으로 유영하는 즐거움
너와 함께 나눌 수 있다면

동으로 흐르는 한강에 작은 파도가 일고 있다

청설모

도심 속에서도
생명은 꿈틀거린다
어디서 여기까지 왔을까
청설모 한 마리

고향의 가족은 그립지 않은지
어린 날 함께했던 동무
잊혀져 가는 짝꿍은
보고 싶지 않은지

아직 찬바람 남아 있는 여기
고요를 깨트리는
지하철 소리 가까이서 들리는
보라매공원에서
봄을 즐기고 있다

언제쯤
너도
그리운 그곳에 다시 돌아가
보고픈 동무들을 볼 수 있을까

비밀

까치와 진달래의 속삭임
남몰래 나누는 사랑 이야기
나는 알지만
그 비밀을 지켜주련다

봄비, 그리고 낙화

거대도시 빌딩 숲을 헤치고
불어오는 회색 바람에
흩어지는 꽃 비늘의 낙하
연분홍 슬픔이 한강으로 스며든다

어둠이 사라지고
별이 사라지고
인간이 만든 조명 아래서
어둠과 회색이 어울려
마지막 한 방울까지 토해
이제 어둠은 어디에도 남아 있지 않다

시간이 공간을 뒤쫓고
공간은 시간에 쫓기어
낮인지 밤인지 헤매고 있다
이십일 세기의 혼돈 속에서
내일 오려던 것은
어제 이미 와버렸고
그저께 왔어야 할 것들은
아직 올 생각도 하지 않고 있다

차가운 아스팔트 위에
처량하게 내리는 봄비를 맞으며
진드기처럼 달라붙은

꽃 비늘은
처절한 아픔으로
아침부터 소리내어 울고 있다

너는 어디서 와서
또 어디로 가는가
너의 가는 길
그냥 고이 걸어가지
무슨 이유로 너는
힘든 나를 이리도 밟고 있는가

너의 차가운 손으로 뿌리는
사월의 봄비가 없었다면
난 아직 고공에서 불타고 있었으리
너로 인해
피곤해지는 내 삶을
차바퀴 굴러가는 저 길 위로
떨어져야만 하는 나의 슬픔을
너는 알고 있는지

텃새가 되고 싶다

나는 철새였다
가을이 저무는 날에 찾아와서
봄이 오는 날에 떠나가는
바람 따라 떠도는
한 마리 철새였다

님 찾아, 사랑 찾아
한 조각 구름 따라
멀고 먼 길
지친 날개를 퍼덕여야 하는
나는 외로운 철새였다

그러나 여기 밤섬에서
이제 나는 텃새가 되고 싶다
회색도시에서 피어나는 물안개 헤치며
어둠 속에 반짝이는 불빛에 춤추며
강변북로 쌩쌩 달리는 저(?) 속도에 맞추어
이른 아침 나도 고속비행을 뽐내련다

오늘은
아니 오늘부터
나는 여기 텃새가 되련다
작은 파도 일렁이는 밤섬 모래언덕 아래서
민물조개, 어린 고기 희롱하며

우거진 버드나무 아래에
작은 둥지를 틀고
나의 작은 사랑을 키우련다

이제 방황의 시간은
흐르는 한강물에 띄워 보내고
내일은 서강대교 아래서
모레는 마포대교 바라보며
한 마리 텃새가 되어
머물고 싶다
사랑이 피어나는
이곳 밤섬에서

삶 Ⅱ

바닷가 돌 위에 핀 메꽃
이 한 송이 꽃을 보라

바로
이것이 삶이다

매미의 향연

8월 초하루
열대야로 뒤척이며
밤새도록
잠 못 이루고
느지막이 눈 감았는데

미소 짓는 햇살에
양손으로 눈 비비며
잠자리에서 일어나
살며시 창문을 여니

이른 아침부터
싱그런 바람을 타고
다가오는 매미 소리
밤새워
님을 찾는 애간장
저리도 서러웠는가

7년 세월 어둠 속에서
흙만 먹고 살다가
세상에 나와
1주일의 짧은 세월
뜨거운 사랑을 위해
목 터져라 부르는
님을 향한 노래

내게도
저 같은 열정이 있었던가
타는 목마름~
매미의 향연을 들으며
살며시
잠자는 아내의 손을 잡아본다

담쟁이 넝쿨

스스로 오르지 못해
나무를 휘감아 오르는
담쟁이 넝쿨

무더운 여름날엔
나무의 그늘에 숨어
낮잠을 즐기고
지독한 비바람 치는 날엔
나무의 품에 달라붙어
생명을 보존하는 너의 모습

모든 영양소를
너에게 빼앗긴 나무는
너를 뿌리칠 힘마저 잃고
죽어가는구나

이 가을
너는
나무에 기대어
붉은 자태를 뽐내고 있지만
너로 인해 나무가 죽고
너도 끝내
나무와 함께 쓰러질 것을
이 슬픈 인연을
아직도 모르는가

구월의 아침에

뜨거운 열정
따가운 님의 손길
피하고 싶었던
거칠었던 당신의 눈길

이제
그 사랑으로
이 땅의 모든 열매가
익음의 축제를 준비합니다

아직은
코트 깃 여미듯
님의 따뜻한 가슴이
필요한 아침입니다

손등에 맺힌
아침이슬 한 방울
살며시 입술에 머금고
잉태된 생명의
온전한 출산을 기도드립니다

머얼리
동녘에서
님의 따뜻한 웃음이
지친 내 몸을 스치는
구월의 아침입니다

주흘산에서

기다림이 쌓이고 쌓여
붉게 타오르고

소쩍새 울음으로 그려낸
산사의 고요함이

외로운 여인의
가을 향기에 젖어
실려 가고 있다

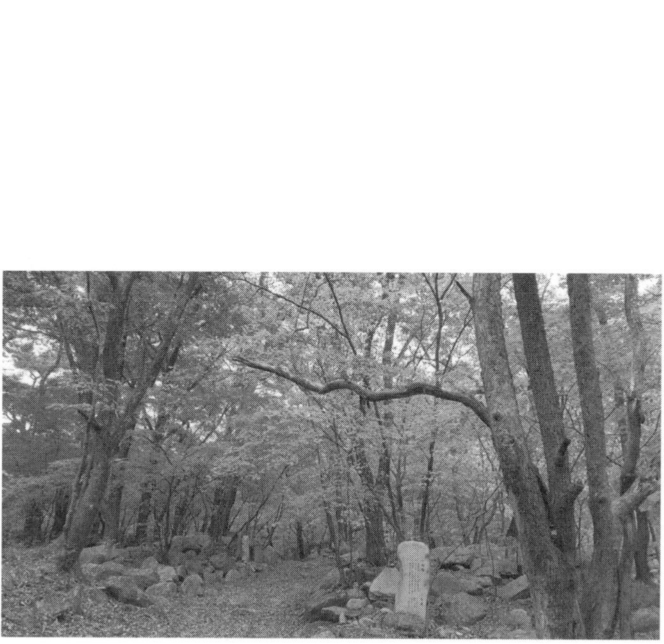

홍천강에서

살며시
대지가 꿈틀거린다

아침부터 계곡을 스치던 안개구름
서로 부둥켜안고

그리움에 참았던
눈물을 쏟아낸다

저 멀리
산봉우리 사이마다

한 많았던 시간들이
산새울음에 씻기어 간다

뮤지엄 산에서

어둠이 없다면 빛의 가치가 있을까요
두려움의 벽을 더듬어
시간 속으로 걸어서 멈춘 곳
한줄기 빛이 안개처럼 피어나는 공간

빛이 어둠이요, 어둠이 빛이며
평면이 입체요, 공간이 시간이다
현재가 무한이요 무한이 여기인 것을

안도 다다오의 숨결을 스쳐 가니
어둠이 빛 속에서 숨 쉬는 공간에
제임스 터렐이 속삭이고 있다

태블릿 PC, 그 이후

이젠 하루빨리
이 암흑의 시간을 벗어나
혼돈의 굴레를 깨트리고
저 광명의 세계로 가고 싶다

63빌딩에서

하늘엔 졸음에 겨운 초승달
발 아랜 주말을 찾는 느긋함

올림픽대로엔 꼬리를 무는
차량들의 불빛이
서울의 밤을 밝히고

보석처럼 빛나는 사랑이
어둠 속을 헤집고
그녀의 얼굴에 머무는 밤

백록담에서

외로움이 하얗게 겹겹이 쌓여 있는
산길을 걸어가면
발끝에서 전해지는 전율이
뽀드득뽀드득 심장을 울린다

천상의 여인이
한 점 구름마저 벗겨 내어
전라의 모습을 드러낸
탐라의 정점에 서니

지상의 희로애락이
백록담의 쇠바람에
훨훨 날아간다

거제도 지세포항에서

희망이다
설렘이다

심장이 불타는 아침
아픔은 잊고
슬픔은 묻고

다시 뛰는 발길에
햇살이 눈부시다

청평사에서

세월의 끝에서 떨어지는
그리움 한줄기

앙상한 나뭇가지에 걸어 놓고
이제는 떠나가야 하는가

어디선가 슬피 울어 예는
까마귀 날 찾아오면

함께 못한
이 그리움 전해 주리라

송지호에서

태백을 넘어 흘러온
어제 같은 시간이
멈추어 쉬는 곳에

그리움은 실바람 타고
솔향기 피어나듯
내 눈가를 스치는데

갈매기 날개짓 사이로
또 다른 시간이 흐른다

수락산에서

수락산 철모바위에 서니
머얼리 백운대, 도봉산이 다가오고
그 아래 숨막히는 빌딩 숲들

물 빠진 연못에서
발버둥 치는 붕어 떼 위로
스모그에 그을린 저녁노을이
힘없이 내려앉는다

이 산을 내려가서
다시 또
그곳으로 돌아가야 하는가
막걸리 한 잔에 시름에 젖는다

울릉도 죽도에서

쉽게 마음을 열지 않는
신비의 섬 울릉도

언제나 저만치서
가슴을 설레이게 하네

보일 듯 말 듯 애태우는
우뚝 솟아서도 조용하고
화려해도 시끄럽지 않은

너의 가슴에 묻혀서
시간을 보내고 싶다

첫눈

첫눈이 오면 입은 벌어지고
두 눈은 보름달처럼 둥그레진다
세월은 늙어서도 마음은 그저 좋기만 하다

떠나간 사랑은 쌓이는 하얀 눈에 묻히고
설레는 기다림은 새하얀 바람에 실려 오니
발걸음은 새처럼 날아오르고
부풀은 가슴은 천둥처럼 울려온다

마음은 새벽 기차에 실려
전설의 두메산골을 향하고
첫눈이 오는 날엔
추워도 춥지 않고
바람이 불어도 싫지 않으니
중년의 세월도 아해가 되어
장난 같은 시간이 눈 속으로 흐른다

도시의 눈(雪)

정월의 아침
해가 뜨기도 전에
거대한 회색도시에
어우러지는
하이얀 눈의 춤사위

너로 인해
이 도시는
순결의 샘을 찾는다

어느 이름 모를
머언 곳에서 달려와
거친 숨을 몰아쉬며
무아지경에 빠져드는
가녀린 몸부림은

아직도
지워지지 않은
한 줌의 인연을
놓지 아니하려는 것일까

2. 바람아 바람아

정시(停時)

매화향에 정지된
시간이 아름답다

흐름을 즐기는
꽃들이 피어나고

따스함을 즐기는
홍학의 느긋함에

밀려오는 그리움이
봄 햇살에 녹아든다

보름달

봄이 오는 밤에
그대는 어디 가고
얼어가는 시간 속에
차가운 보름달만이
그리움을 녹이고 있다

매화

달빛 아래 둘이서
매화 향기에 취해
마시는 한잔 술이
그리운 밤입니다

한잔 술이
술이 아니라
사랑이라면 더 좋겠습니다
저 달이 시샘하는
그런 밤이었으면 말입니다

개구리 알

지난 가을 이별의 아픔은
아직도 아픔으로 남아 있는데

봄이 흐르는 계곡엔
새로운 사랑의 씨앗이 꿈틀거리고

반복되는 계절의 윤회이지만
가슴은 또 노오랗게 설레인다

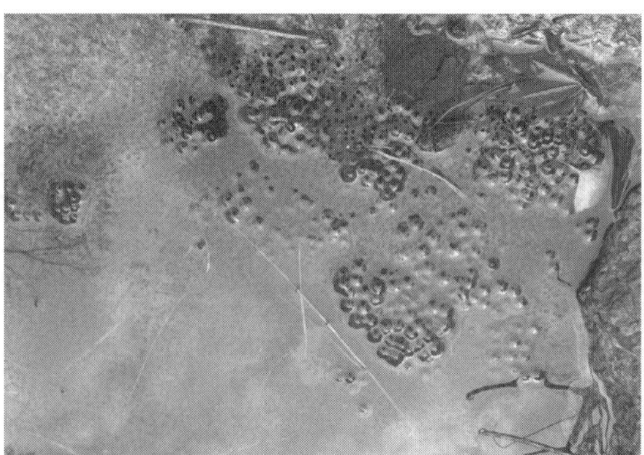

고목

수백 년의 세월을
한 자리에서

고목 두 그루
서로 마주보며

그 인고의 시간이
얼마나 힘들었을까

이제 또
둘은 서로의 손을 잡고

들녘에 내리는 봄 햇살에
연두빛 화장을 하고
길을 나선다

춘삼월의 벚꽃

찬바람이 남아 있는
춘삼월인데
여의도에 벚꽃이 만개했다

난 아직
님을 맞이할 준비도 안했는데
이렇게 일찍 찾아와서
나를 당황하게 만드네요

그래도 반가운 얼굴
그리운 꽃님을 마주하니
가슴이 뛰고
얼굴이 붉어집니다

연모

어둠이 내리고
홀로 알몸 드러낸
벚꽃의 자태

외로운 초승달이
멀리서 숨죽이며
보고 있네요

열애

어둠이 꿈틀거리며
하늘로 기어가는 시간에
고요히 천리만리
뜨거운 사랑을 내려
한 송이 벚꽃을 피우는
초승달

한밤이 되기 전에
너는 어둠 속으로 사라지겠지만
나는
여기 홀로 남아

너의 뜨거운 사랑으로
이 한밤 지새우며
찬란하게
꽃을 피우련다

꽃보다 잎이 되련다

잎보다 먼저 나와
흐드러지게 불타고 지는
벚꽃의
짧은 사랑보다

꽃보다 늦게 나오지만
서로에게 그늘이 되고
바람막이가 되고
비바람 폭풍우에
너의 두 손 꼬옥 잡고

그래서 마침내
검붉은 열매를 잉태하는
벚나무의 잎처럼
길고 긴 사랑을 하고 싶다

하얀 그리움

기나긴 그리움이
순백으로 물드는 날

바람에 스치듯
홀연히 올 님을 위해

겨우내 쌓인 사연을
목련 가지 마디마디
몰래 걸어 두었건만

오는 봄의 떨림에
모두 날아가고

소리 없는 그리움만
새하얗게 내린다

오월의 목련

쓰라린 아픔을
하얀 손수건에
꺼이꺼이 토하면서
사월을 보낸
그대

이제
연두빛 장갑을 끼고
산들산들 보내는
희망의 손짓
내 가슴에서 메아리되어
실바람에 실려간다

다시
새봄이 오는 날
하얀 모시옷 입고
춤을 출 그대
그대여

모닝커피

어둠이 걷히고
코끝에 스며드는
블랙커피의 향은
아직도 그곳에 있을
그대의 향기

분주함이 가속되는
아침의 창을 열고
그대의 숨소리를 기다린다
아직도 그곳에 있을
그대에게 안부를 전하며

커피잔 바닥에
갈색으로 남아 있는
그리움을 바라본다

축제의 끝

기나긴 여정이 머무는 강변을 따라
노동에 지쳐 쌓인 수많은 한숨들이
화사한 벚꽃으로 진한 화장을 하고
무너진 꿈들을 모두 쏟아낸다
이룬 꿈도, 사라진 꿈도……

실바람에 흩날리는 꽃잎, 꽃잎에
흘러온 세월이 덧없이 실려간다
사랑도 가고 그리움도 가고
밤섬을 맴도는 길 잃은 철새처럼
추억만이 한강에 머무르고 있다

무거운 어깨 위로 떨어지는
비릿한 삶의 비늘들
흩날리는 가랑비에
짙은 화장이 씻기운다

낙화

나에게도 사랑이 있었던가
나의 시린 손 꼬옥 잡고
허공에 팔 휘저으며
실바람에 흩날리는 꽃 비늘
그 하나 건네주지 못해
아쉬워한 사람이 있었던가

텅 빈 가슴에 쌓이는 낙화 위로
또다시 내리는 꽃잎 하나에
문득 스치는
까마득한 시간 너머
내 옆에서 맴돌다 간
그 사람의 얼굴

이제 생각하니
그가 나를 사랑한 게 아니라
내가 그를 사랑했었나 보다
바람이 불어도 불지 않는다고
꽃이 피어도 피지 않는다고
어둠이 와도 아직 낮이라고
나는 그렇게 가식에 젖어
그의 마음을 외면했었나 보다

마지막 한마디 건네고
내 곁을 떠나간
그때 그 사월에도
목련은 슬피 울었고
불타던 벚꽃도 비늘을 벗겨
떠나가는 그의 발걸음 위로
눈처럼 내리고 있었지

그러나 그 사람의 눈에서
흐르는 눈물은 보지 못했다
이제야 그의 눈가에 맺힌 이슬
그 속에 비치는 나의 마음을 보는
이 어리석음에
내 가슴이 아파 온다
너만 나를 사랑한 게 아니었고
나도 너를 사랑하고 있었구나

꽃이 지는 이 사월에
지금은 어디서
낙화를 보고 있는지
사랑했던 사람아
이제 이 말을 한들
무슨 소용이 있을까만
오늘은 그대와 함께
이 길을 걷고 싶구나

흐드러지게 필 땐 몰랐으나
소리 없이 지고 나서 깨닫는
이 어리석음
아직
이 가슴 한 구석에 남아 있는
너를 사랑했던 흔적
흩날리는 꽃 비늘 하나에 적어
너에게 보낸다

꽃차

꽃 비늘이 흩날릴 때
나는
시간의 끝자락에 매달려
슬픔에 울고만 있었는데

그대는
한 잎 두 잎 사랑을 담아
책갈피 깊은 곳에
고이 넣어 두고

한 줌 따스한 빛 그리운 가을
어디선가 문득
님이 오시는 날
연보라 향기 피어나는
꽃차 한 잔
말없이 내어 주는구나

줄장미

밤새 남몰래
창문을 헤집고 들어와
고물고물 기어오르는
아침 햇살이 간지럽다

검붉게 타는
줄장미 향기에
살며시 창문을 여니

초록 마디마디
방울방울 맺혀 있는
이슬 같은 엷은 미소

수줍은 소녀 가슴
살며시 뒤꿈치 들고
담벼락에
기대어 윙크한다

양귀비

오월 어느 하늘 아래
연두빛 아픔이 서린
이름 모를 외로운 들녘

눈웃음 지으며
자태를 뽐내는
미웁도록 아리따운 양귀비
수많은 뭇 사내들 희롱하다
너는 어디서 예까지
흘러 흘러 왔는가

오월의 실바람에
하늘거리는 너의 웃음
양손에 담아 마시는
설레는 나의 가슴
아직도 남아 있는
소년의 여림인가

오늘 밤은 너의 곁에서
새벽이 올 때까지
빈 술잔 기울이며
이야기를 나누고 싶다

나팔꽃

님이 오는 설레임에
홀로 지새운 기인 밤
뜬눈으로 맞이하는
구월의 이른 새벽에

볼에 흐르는 이슬을 모아
머리 감고 얼굴을 씻으며
짙은 향기로 화장을 하고

님이 오는 길목에 서서
그리운 사랑의 노래를
보라색 나팔로 불러본다

마지막 꿈

정열이 불타는
한여름 밤의
축제가 끝나고

이제 홀로 남아
파아란 캔버스에
오래도록 기억될
추억을 그립니다

ROOMINE 카페에서

성산포는 소리로 울고
일출봉은 눈물로 운다

떠나는 그리운 님에게
눈물 보이기 싫어서
해무 속으로 얼굴을 숨긴다

아련한 추억은
찻잔 속의 향기로 남아

안개비 내리는 성산포에
한줄기 음악이 되어 흐른다

두물머리에서

활짝 피어 마음을 열기보다는
님을 만나려 밤새 설레이며
피려는 꽃잎 실바람에 숨긴 채
수줍은 얼굴은 하얗게 되었지만

물안개 스물스물 피어나는
두 줄기 물길이 만나는 두물머리
스치는 연잎의 노래 속에
이제는 부푼 가슴을 여미고

꽃잎을 열어서
너의 숨결을 받아들이련다

폭우

먹구름으로 몸 숨긴 채
나의 음밀한 곳 찾아서
수직으로 들이치며
몸부림치는 빗줄기

뜨거워지는 몸뚱아리
쏟아지는 격한 울부짖음
처음 느껴본 황홀함에
두려움도 사라진다

가쁜 호흡을 가다듬고
다시 거세지는 몸부림
야생마처럼 포효하며
살결을 파고든다

아픔은 전율이 되어
나의 숨을 멎게 하고
폭우가 지나간 들판에
고요한 아침이 온다

소나기

먹구름이 울부짖는다
피눈물을 쏟아붓는다
기억의 터널 건너편……

여름이 익어가던 토요일 오후
쏟아지는 소나기를 함께 맞으며
우산도 없이 걷고 걸었던
하얗게 파도가 부서지는 바닷가

엷은 셔츠 달라붙은 하얀 속살에
내 가슴은 천둥처럼 뛰었는데
그녀도 천둥소리를 들었을까
소나기 그친 후에
그녀는 보이지 않았다

이제는 삶을 짓누르는
시간의 무게만이
반백의 머리카락 사이로
하염없이 내리고 있다

문주란

고고함도 없었다
화려함도 없었다
어두운 밤하늘에 피어나는
불꽃들의 찰나도 아니었다
하얀 외로움만 간직한 채

문주란은
고요한 바닷가에서
그 누굴 기다리며 ~~~
미소 짓고 있었다

키스의 잔상

그대
어디선가
꽃향기 풍기며
다가올 것만 같은
이슬비 내리는 아침

저 멀리 서강대교 위에
보랏빛 양산 밑으로
긴 머리 휘날리며
걸어가는
그대

그러나
이것은
지난밤
꿈속에서의
격렬한 키스의 잔상

어리석은 착각이었나 보다

외로움

어둠이 오고
혼자 있음을 자각할 때
소름치는 무서움에 저리면
저만치 사십도의 알코올이
나를 유혹한다

두려움을 피하려
유혹에 빠지지만
목이 타고
가슴이 아린다

몽롱한 시야
망각의 늪에
이 몸을 던져
개헤엄 치며
기억의 저편으로
사라져 간다

달맞이꽃의 연가

님을 보기 위해
수천 년을 기다렸지만
님을 볼 수 없는
서글픈 운명아

밤마다 보고픈
그리운
님의 얼굴

밉도록 우악스런
소나무의 질투
차라리 넝쿨이었다면
너를 감고 올라가련만

오늘도
슬픈 시간만
말없이 흘러가고
기약 없는 사랑에
홀로 이 밤을 지새운다

설악 권금성에서

청마년(靑馬年) 정월에 설악에 올라
시간이 남기고 간 찻잔에
한 줌 타서 마시는 동해의 바람
가슴 속으로 스며드는 이 향기는
어느 여인이 흘리고 간 첫 키스의 여운
온몸을 휘감는 바람의 몸부림에
어느새 내 몸은 불덩이가 된다

멀리서 희롱하는 태백산맥 줄기
그 웅장함에 부끄러운 몸을 숨긴다
저 하늘 아래 공룡의 보금자리
그 등줄기 따라 오른쪽 끝자락에
불쑥 솟아오른 울산바위
열정의 몸부림이 지나가고
푸르런 휴식의 시간이
동해 바다에 내려앉아 있다

다시 멀리서
손짓하는 대청봉
언제 그곳에서
열정의 밤을 다시 맞이할 수 있을까
흰 눈이 전설처럼 쌓여가는
설악 권금성에서
바람처럼 지나가는 시간을 붙잡고
오늘도 잡히지 않는 무엇을 찾아
이 혼돈의 공간 속을 헤매고 있다

사랑이란

사랑은 관심
그 사람이 무얼 하는지
자고 있는지
밥을 먹고 있는지
책을 보고 있는지
음악을 듣고 있는지

그 사람이 있는 곳에
비가 오는지
눈이 오는지
춥지는 않은지
덥지는 않은지
바람이 부는지
낙엽이 떨어지는지

늘 그 사람을 생각하며
그 사람과 관련된 모든 것에
관심을 가지는 것
그러면 그 사람의 모든 것이
멀리 있어도
가까이 있는 것처럼 보여지고
관심이 없으면
가까이 있어도 모든 것이 보이지 아니한다

쌍가로등

누가 볼까 수줍은 듯
살며시 손잡은 쌍가로등
해무에 젖은 모래사장 위에
쌓고 쌓는 둘만의 이야기
얄미운 어둠은 바다를 마시고
쉬임 없이 하얀 파도를 토해
사랑의 모래탑을 부수고 있다

얼굴을 돌리면
감미롭게 다가오는
연보라빛 미소
먹물 속에 용해되는 쌍가로등 불빛은
팔꿈치에 와닿는 그녀의 가슴
모래사장에 부풀어 오른 파도는
손끝에 스치는 그녀의 살결

시간을 붙들어 맨 늙은 마담이
조그만 항구의 기인 밤을 지키는
텅 빈 카페에 나란히 앉아
비워도 비워도 취하지 않는
칵테일 유리잔에
달빛 서린 노래가 차오를 때
음악에 취해 쓰러진다

시간의 매듭이 풀어지고
갈매기 비상하는 새벽이 움틀 때
모래 위에 힘없이 부서진
미완성의 하트 하나를
화석처럼 가슴에 품고
아직 가로등 불빛 남아 있는
이 바닷가를 떠나간다

화석이 된 사랑

어둠이 익어가는 스무시
잠에 겨운 초승달이
서녘 이불 속으로
몸을 숨길 때

까마득한 옛날에
내 가슴에 남아 있는
에메랄드빛 화석 하나
살며시 끄집어내어
들여다본다

그네가 속삭인다
이건 너의 사랑이었고
이건 그의 사랑이었다고

이젠 차갑게 얼어버린
이 굳어버린 화석에
이십일 세기의 과학으로
생명을 불어넣을 수 있을까

시간의 글라스에 너를 담고
마셔도 마셔도
취하지 아니하는
어둠아 사랑아

가녀린 손끝으로
화석을 지우려 애쓰는데
어느새
창밖 머얼리서
연노랑으로 물들은
새벽이 온다

바람이 되어

너의 아픔은 잊어감이요
나의 아픔은 그리움이라

너는 바람
나는 나무
이제는 내가 바람이고 싶다

고즈넉한 밤섬 위로
철새를 날리고
물안개 피우는

한줄기 바람이 되어
너의 곁에 머물고 싶다

손거울

너를 가만히 들여다보는데
왜 문득
멀리 떠나간 사람이
살며시 웃으며 나타날까

차가운 겨울비 내리던
젊은 어느 날
내곁을 떠나간 그리운 사람
지금은 어디서 무엇을 하는지

거울에만 비치는
그 님의 손을
한번만
잡아보았으면 ……

망각의 시간

일상의 혼돈 속으로
먹물 같은 어둠의 시간이
슬그머니 찾아오면
망각의 자유에 취한다

서쪽 하늘에
선명하게 나타나는
그리운 님의 미소 같은
초승달
그 그림자 뒤로 손 내미는
보일 듯 말 듯 샛별 하나

지구의 모든 일상을
먹물로 지우는 시간에
서쪽 하늘의 달처럼 별처럼
나는 어둠 속에서
님을 만날 수 있기에

어둠은 과거를 품고
내일을 잉태하는
따뜻한 님의 가슴이기에

나는 먹물 같은 이 어둠이 좋다

어둠 속에서

하얗게 흐르는 침묵의 시간 위로
먹물 같은 어둠이 흐른다
일상의 구속이 자유를 마시며
시를 토하고 소설을 그린다
적막의 창가에 투명되는 유성의 긴 꼬리처럼
그리움은 한줄기 실오라기가 되어
차가운 피 끓어오르는 가슴 위로 기어간다

희미한 기억은
어둠 속에서 더 선명하게 다가와서
나의 잠 못 이루는 밤을 추억의 강으로 인도한다
홀로 떠가는 나뭇잎 하나
어디로 가는지도 모르는 채
흐르는 물줄기에 몸과 마음을 맡긴다
실바람에 흔들리는 나뭇잎 위에
그리운 숨결,
보고픈 아픔이 실려간다

어두움은 두려움을 낳고 다시 두려움을 숨겨준다
보이지 않기에 그리웁고
그리웁기에 아픔이 찾아오고
아픔은 두려움을 가지고 오지만
어둠에 만취해 그 두려움을 망각하는 밤
마셔도 마셔도 취하지 아니하는 것은
그대 향한 그리움이 너무 크기 때문일까

시간이 먹물에 젖어 너의 미소를 그려내는 밤
어디선가 들리는
희미하게 새벽이 오는 소리
나는 그렇게
이 밤을 홀로 지새우고 있었나 보다

바람아 바람아

머나먼 길 돌고 돌아
이제야
찾아온 바람아

밤새워 너를 기다린
깊고 깊은 시간들
아직도 기다림의 시계는
어둠을 가리키고 있다

너와 함께 바다가 밀어내는
아침을 맞이하기 위해
너의 향기에 취해 쓰러지고 싶어서

바람아 사랑아
이젠 저 나뭇가지에서 머물며
가지 말아다오
상처 입은 너의 날개를 접고
멈추어 버린 시계 위에서
고이 쉬어다오

난(蘭)

그대 사랑을 얻기 위해
물만 먹고 인내한 365일
가냘픈 춤사위 뒤로
마지막 남은 열정이
엷은 갈색빛으로 타오른다

그대 마음을 열기 위해
말라버린 내 몸 마디마디
손끝은 검게 변해 버렸고
뭉개진 쓰라린 발끝은
두터운 양말 속에 숨겨 두었다

아!
하얀 눈 내리는
정월의 아침에
하나는 외롭고
둘은 불안하여
셋으로 이루는 사랑의 불길

바람의 투정

나무는 언제나 거기에 있는데
바람은 늘 투정을 부린다
봄이면 새싹을 달라 하고
여름이면 손바닥을 내밀라 하고
가을이면 물감을 칠해 달라 하고
겨울이면 한 줌의 빈자리마저 가져가 버린다

나무는 언제나 거기에 있는데
바람은 쉬임 없이 앙탈을 부린다
아침이면 짙은 안개를 치워 달라 하고
낮이면 그늘로 지친 몸을 덮어 달라 하고
저녁이면 달빛이 쉬어갈 자리를 달라 하고
어둠이 어둠을 삼킬 때면 말없이 사라져 버린다

나무는 언제나 거기에 있는데
먼 산길 돌고 돌아온 바람은
왜 아직도 여기 있냐고
듣지도 않을 물음만 남긴 채
멀어져 가는 기적 소리에 몸을 싣는다

그리움

암흑의 천지에서
보이는 건
오직
창문을 붙들고 몸부림치는 바람뿐

겨울바다에
흐느끼며 사라지는
새하얀 눈보라도
울부짖는 파도 소리에
힘없이 녹아든다

지친 몸을 이끌고
텅 빈 호텔 방에
홀로 남아
그대 향한 그리움을
빈 술잔에 담아 마시고 있다

격정의 밤이 끝나고
찬란한 태양이 바다 위에 부서질 때
나는 여기
하얀 눈 내린 모항 바닷가를
홀로 거닐며
외로운 발자욱을 남긴 채
어디론가 가겠지

그대를 보내고
머얼리 여기까지 걸어왔건만
이제 또
외로운 길을 혼자서
떠나간다

이별

가을엔 떠나지 말라고
귓가에 맴도는 너의 목소리

낙엽 지는 고요함이 깊어가는
길고 긴 가을밤이 옷을 벗고
하얀 눈 뿌리는 이 밤에

나 홀로 눈길을 걸어서
그대 곁을 떠나가네
가로등 불빛을 벗 삼아
그대 곁을 떠나가네

행여나 그대 따라올까
소리 없이 쌓여가는 눈 위로
뽀드득 소리내며 남기는 흔적

눈물로 남기는 작은 꿈마저
쌓이는 눈 속에 묻혀가네

아리랑 열차에서

밤새워 눈 내린 아침엔
정선으로 가는 아리랑 열차에 몸을 실어 봐요
달려도 달려도 끝없이 펼쳐지는 눈 덮인 하얀 세상에
아름다운 그녀의 얼굴을 비추어 봐요

창가에 앉은 그녀의 입에서
즐거운 비명 소리가 폭설처럼 쏟아지네요
창밖엔
사랑에 눈뜨는 아침이
아름다운 풍경을 끝없이 보여주고 있네요

청량리에서 아우라지까지
하얀 물감으로 찍은 멜로영화에 취해 봐요
영화가 끝날 때쯤
아우라지에서 그녀의 손을 잡고
시골장터의 사랑을 키워요~오

3. 400리 서울둘레길에서 찾는 행복

프롤로그

서울둘레길
서울의 안과 바깥을 이어주고
서울의 동서남북을 이어주는 길

서울의 과거와 오늘
서울의 현재와 미래를 이어주는 길

나와 너를 이어주고
나의 내면과 외면을 이어주고
나의 어린 시절과 오늘을 이어주며
나의 남은 삶의 여정을 이어주는 길

화랑대역에서 광나루까지

하얀 구름 떼가 찬바람으로 숨 쉬는 아침
화랑대역에 하나둘 대원들도 구름처럼 모이고
설레임, 두려움, 기대감에 아이들처럼 줄을 맞추어
서울둘레길 400리의 첫발을 내딛는다

매화 향기 그윽한 과수원 길을 걸어
청둥오리 토닥토닥 물장구치는 묵동천을 따라
횡단보도를 건너 조금씩은 도시 냄새 맡으며
개발에 저항하는 양원리 주민들의 절규를 보면서
걷고 걷다 보니 어느새 중랑캠핑장이다

산길로 접어들어 서울과 구리를 잇는
망우고개를 가로질러 숲으로 들어서니
나무보다 많은 무덤 숲이다
찾아오는 이 없는 조용한 주말 아침
100인 원정대의 갑작스런 방문에
잠에서 깨어난 죽은 이의 넋두리
살아 있을 때 더 사랑하고, 더 어울리고, 더 움직이란다
죽어서 할 수 있는 건 이끼이불 덮고 잠자는 것
그리고 조금씩 흙으로 동화되어 가는 것뿐이라

상수리나무 가지를 비집고 들어온 봄 햇살이
무덤의 방을 데우는 정오가 되니
어디선가 점심을 준비하는 딱따구리의 수다스러움
죽은 자들의 세계에서 도시락을 비우고
다시 발길을 재촉하니 용마산이 다가온다

영웅호걸의 시간이 잠들어 있는 세계
용마산, 아차산에 남아 있는 수많은 보루들
누구를 위한 민초들의 땀방울이었던가
옥새를 위해 투쟁하는 인간들의 모습
2천 년 전이나 지금이나 다름없구나
암반 위에서 지조를 지키는 명품 소나무와 작별하니
다시 회색도시의 숨 막히는 골목길이다
용한 점쟁이의 목을 베고서
아차 하는 어리석은 인간들의 세계로……

진달래로 불타는 남태령에서 석수까지

남태령을 넘어오는 봄 햇살이 간지러운 아침
두 번째로 행복 찾아 사당역으로 모인 대원들
시끄러운 차량들의 소음을 뒤로하고
차가운 회색의 언덕길을 걸어 오르니
저만치에서 관음사가 눈에 들어온다
엊그제 깔은 가파른 아스팔트 냄새가 싫증 날 즈음
삼칠일 지난 아가의 손 같은 여린 잎들이
봄맞이에 재잘거리며 고개를 내민다

걷고 걷노라니 삶의 울타리가 발아래 펼쳐진다
가끔씩은 울타리를 벗어나서 그 안을 보았어야 하는데
짓눌린 삶의 무게를 태우고 태운 무당골
끝내 벗어버리지 못한 한은 그을음으로 남아 있다
무당골을 지키는 암벽 위의 애처로운 소나무만이
촛불에 피어오르는 향으로 시간을 지킬 뿐이다

별이 떨어지는 낙성대의 아침
아직 정오는 멀었건만
말달리는 강감찬 장군의 모습만이
관악산을 배경으로 정지되어 있다
이 시대를 구해줄 또 다른 별을 기다리는데
어디선가 한 무리의 정치꾼들이
한 표를 구걸하며 다가온다

관음대장군
관음여장군

아직은 앙상한 아까시나무 숲
간간이 숲을 헤집고 들어오는 자동차 소음들
나지막한 몇 개의 고개를 넘고
흙먼지 마시면서 다시 마주하는 널따란 차도
발걸음을 재촉하는 대원들의 모습에
관악산 입구까지 이어지는 이 길이
이 길이 아니었으면 좋았을 걸……

관악산 입구에서 스탬프 찍고
계곡을 따라 숲속으로 들어선다
겹겹이 쌓인 낙엽 위로 불타는 진달래
잣나무 사이로 메아리치는 직박구리 노랫소리
옹기종기 모여서 도시락을 펼치니
둘레길에서 삶의 안길이 보이네

머나먼 이국까지 와서
오직 자신의 신념을 위해 목숨을 던지며
인간이 인간답게 살아가는 용기를 보여주고
이곳에 흔적을 남기신 세 분의 선교사들
삼성산 성지를 지나서 발걸음 옮긴다

종착지 석수역이 가까워지는데
이별이 이별이 되지 않고
다시 만나는 헤어짐으로

서로 다른 날 태어나서
하나로 이어지는 연리지처럼
두 손 꼬옥 잡고 걸어간다

꽃눈이 흩날리는 안양천에서

꽃 비늘이 눈처럼 날리는 날
햇님도 구름 속에 숨어 버리고
찬바람도 원정대를 시샘하는 아침
저 멀리 연리지 내려다보는 석수역에서
세 번째의 행복 찾는 길을 떠난다

옛 석공들의 돌 다듬는 소리를 뒤로하고
석수역에서 안양천 따라 50리 길
안양, 광명, 금천, 구로, 영등포, 양천으로
둑길 아래로 쉬임 없이 지나가는 차량들
먼 길 찾아 떠나는 기차들의 힘찬 노동
낮게 드리운 구름안개 속의 고층빌딩 숲
무리 지어 달리는 자전거 마니아들

오늘은 이렇게
우리의 일상 속을 걸어간다
우리의 삶이 녹아 있는 세계에서
그동안 몰랐던 스스로를 찾아서

겹겹이 쌓인 세월이 유유히 흐르고
그 세월을 거슬러 오르는 잉어의 몸부림
물 위에서 봄을 구애하는 청둥오리들
주린 배를 채우려 물속으로 잠수하는 가마우지

바다에서 예까지 님을 찾아온 갈매기
길보다 안양천에 행복이 피어나네

둑길에 늘어선 벚꽃나무 터널
그 화려함에 함성을 지르고
봄바람에 날리는 꽃 비늘 하나에
가슴이 슬퍼지는 소녀가 된다
이 길에 꽃이 없으면 봄이라 할 수 없고
그 꽃들 앞에서 가슴이 설레지 아니하면
사람이라 할 수 없겠지 ……

안양천 오른쪽엔 디지털단지 빌딩 숲
50여 년 전에 수출입국의 요람으로
재잘거리던 여공들의 모습은 사라지고
하나였던 구로공단도 가산-구로 디지털로 갈라져
벤처의 꿈을 키우는 젊음이 그 자리를 메우고 있네

안양천 너머 왼쪽엔 목동
상습침수지였던 논밭이 아파트 숲으로 변하고
열병합발전소와 쓰레기 소각장의 높은 굴뚝으로
거대 회색도시의 아픔이 배출되고 있다

긴 꽃 터널을 지나니
안양천과 도림천이 만나는 곳

강바람이 차가운 다리 밑에서
찬밥 한술로 배고픔을 달랜다
이런 날엔
그저 막걸리 한두 잔 주고받으면
이 쌀쌀함이 좀 사라지련만

신정교 아래에서
손에 손잡고
얽히고 얽힌 삶의 실타리
풀어가는 방법을 배우고
또다시 행복 찾아 발걸음을 옮긴다
저 멀리 보이는 인공폭포
신혼부부들의 포토존으로 인기가 있었건만
이젠 역사 속의 옛날이야기가 되었다

한강과 안양천이 만나는 곳
한강 너머엔 난지도가 보이고
삼성산, 백운산에서 달려온 일백 리 물길은
혼탁한 한강에서 그 청아함을 잃고
달리는 자전거들이 긴장감을 더해오니
행복 찾는 이 머언 길이
발끝에 닿는 아스팔트처럼
딱딱함으로 멀어져 간다

세월을 낚는 강태공을 바라보며
안양천을 건너니
따스한 엄마의 손길로
발목 다친 소년을 응급치료하는 차대장님
수고한다는 말 한마디 못하고
발걸음을 재촉하니 드디어 가양동

올림픽대로 토끼굴을 지나니
라일락 향기 그윽한 황금내근린공원
따스한 행복이 우리를 마중한다
웃음으로 기록되는 세 번째 인증 스탬프
아쉬운 헤어짐과 만남의 기약으로
서로서로 손을 흔든다

수락산에서 불암산으로

오늘은 —
서울의 동북쪽 끝으로 간다
도봉산과 수락산이 마주하는 곳
몇 걸음 더 가면 의정부가 있는 곳
도봉산역 서울창포원에 모인 봄 햇살이
행복 찾아 떠나는 길을 인도한다

중랑천을 따라 시작되는 발걸음
별을 품은 조팝나무 향기에 취하며
아직도 겨울잠에 취해 있는
중랑천의 갈대숲을 지나
좌우로 경기도와 서울을 가르는
동부간선도로 위 육교를 건너서
수락산 자락으로 접어든다

물이 떨어진다
세월이 낙하한다
겨울이 가고 봄이 오는
영겁의 윤회 속에
아가의 손 같은 풀잎은
어느새 어린아이의 손으로 팔랑인다

인간이 만들어 놓은
도도함과 화려함은 없어도
수락산 자락에서 외롭게 자라
우리들의 앞길에 꽃 비늘 나부끼는
산벚꽃이 더 정겨워 보이고

민초들과 함께 뿌리내린
연분홍 철쭉이 더 반가운 것은
우리를 멀리하지 않고
우리에게 먼저 다가왔기 때문이리라

속세의 내음새가 사라지고
봄을 알리는 풀 내음새 싱그런 길
봄이 흐르는 몇 개의 계곡도 건너고
자그만 언덕을 오르고 내리고
봄이 샘솟는 숲속에서
이렇게 행복을 찾아본다

가끔은 상수리나무 사이로
상계동의 아파트 숲이 보이고
능선 위로 걸어가노라면
저 멀리 북한산과 도봉산도 다가오는데
어느새 당고개이다

고개를 들어 하늘을 바라보니
화강암 절벽에 늘어진 사선으로
생명의 끈을 이어가는 나무들이 마중한다
모자 쓴 부처님이 지그시 눈감은 불암산에서
저마다 가지고 온 정성이 가득한 도시락
한 자리에 내어놓고 둘러앉아
도란도란 이야기꽃으로 허기진 배를 채운다

몰려오는 먹구름이 우리의 가는 길을 시샘하니
서둘러 끝낸 점심 후에 발걸음을 재촉하지만
얼마 가지 못해 쏟아지는 빗줄기
대원들은 서둘러 준비한 우의를 입는다
낙엽 위로 떨어지는 빗방울 소리가 푸르고
흙먼지 날리는 둘레길의 촉촉함이 메아리쳐 오며
비마중 하는 나뭇잎들의 향기가 코끝을 울린다

불암산 전망대에서 인증샷을 남기고
봄비 노래하는 숲속으로
발걸음을 옮기니
백사마을이 하얀 배꽃 뒤로 나타나고
쓰러져 가는 집들 사이로
아픔을 숨기기 위해 그려진 벽화들이 보인다

늙은 배나무의 신음소리가
멀리서 들려오는 총소리에 묻혀간다
종착지가 가까워지는 소리
저 머얼리 화랑들이 심신을 단련하는 곳
올림픽의 메달을 위해 땀 흘리는 국대들의 훈련장
눈에 거슬리는 철조망을 따라 한참을 내려오니
드디어 공릉산 백세문이다
맨발로 이 길을 걸으면 백세까지 산다는데
등산화로 걸었으니 백세를 넘기겠지 ……

차도를 따라 조금 더 내려가니
원정대 첫날의 설레임이 남아 있는 곳이다
올라가면 내려와야 하고
머나먼 우리네 삶의 여정도
처음의 그곳으로 이어지나니
오늘의 나를 잠시 잊고
내가 걸어온 길을 되돌아본다

대모산에서 사당역까지

오늘은 강남으로 간다
더 높은 곳으로만 향하고
남보다 더 빨리 달려야 하는
치열한 경쟁이 머무는 곳으로
시간에 쫓기는 삶의 모습들이
짙은 황사에 가려 보이지 않는 아침
수서역 6번 출구를 나서자마자
여린 풀잎들이 반기는 숲속으로
곧바로 몸을 숨긴다

대모산에서 구룡산, 우면산으로
멀고 머언 50리 길을 걸어간다
누구에게는 이 사월이 잔인하겠지만
100인 원정대에게는 행복만이 있다
새신랑은 어디 가고
홀로 밤을 지새운 각시붓꽃이
길옆에서 미소 짓는 아침
신갈나무 여린 잎이 정다운 아침

늙은 할미의 손길이 약손이어서
여기가 명당이 되었던가
죽어서도 욕심에 이끌려 묻히고 싶은 곳
죽어서도 편히 쉬지 못하고 떠나야 하는 곳
처절하게 정적을 없애며 왕권을 세운 태종
그런 아버지 곁에서 잠시 머물다
욕심 많은 인간들에 의해 저 멀리 여주로 떠나간
우리의 큰 별로 지금까지 남아 있는 세종대왕
황사에 뒤덮인 서글픈 오늘을 구해줄
새로운 세종대왕을 기다리며, 꿈꾸며
역사의 흔적들이 남아 있는 대모산이다

서로 다른 뿌리에서 나와 하나가 된 연리목
뿌리가 서로 다른 인간만이 부부가 되는 것이 아님을
인간은 하나가 되었다가 헤어지기도 하는데
연리목은 그런 일이 없지 아니한가
대모산 자락에 자리 잡은 불국사가
구룡마을과 그 너머로 우뚝 솟은 고급아파트를
목탁 소리 사이로 내려다보고 있다

도시개발에 밀리고 밀려서 만들어진
아픔으로 이어지는 삶의 역사가 애처롭다
다시 저곳이 개발되면 이제 어디로 밀려가야 할까?
불국사 언저리에서 피어난 금강초롱은 바람에 흔들릴 뿐
답 없는 물음에 한마디 대답도 없네
바람에 흩날리는 풍경소리 뒤로하고
다시 신갈나무 숲 사이로 발길을 재촉한다

대모산을 지나니 아홉 마리 용이 승천했다는 구룡산이다
승천하지 못한 한 마리는 어디에 있을까?
그 한을 풀어서 양재천이 되었다는데
한 마리 용을 찾아온 대기업의 본사들이 저 멀리 보인다
용들은 떠나고 전설만이 흐르는 구룡산을 내려와
그 양재천으로 이어지는 여의천으로 접어든다
봄을 희롱하는 나비 한 쌍이 춤추는 개천에서
찔레꽃 새순을 꺾어 먹으며 어린 시절로 돌아간다
양재인터체인지 어두컴컴한 지하통로를 지나니
오늘의 도시락을 비우는 양재시민의 숲이다

배고픔에 허겁지겁 배를 채우고 돌아보니
여기도 아픈 역사들이 남아 있구나
올림픽을 앞두고 버마 하늘에서 사라져간 100여 명
20여 년 전 삼풍백화점 붕괴로 생을 마감한 500여 명
더 오래전 6.25 전쟁 당시에
풍전등화의 나라를 위해 나선 무명용사들
유격백마부대 500여 명의 충혼탑이 있다
찾는 이 없이 외로운 탑 주위로
머언 여행을 준비하는 민들레 홀씨들만이
영혼들을 지켜주고 있다

양재천을 건너고 경부고속도로 밑을 지나
차량들의 경적소리에 행복이 잊혀질 즈음
다시 우면산 자락으로 접어든다
소가 편히 잠자고 있는 산이라 하지만
7여 년 전에 산사태로 아픈 기억이 남아 있는 곳

자연 앞에 인간이 얼마나 미약한지 보여주었던 곳
오늘도 우리는 자연을 자연 그대로 두지 못하고
헐어내고 구멍을 내고 이기려 애를 쓰고 있다
이 우면산 밑에도 이미 터널이 지나고 있건만
석수역에서 시작되는 새로운 고속도로 터널이 생기고 있다

우면산 골짜기마다 개발의 제한을 뚫고
공공시설이 어김없이 들어서 있다
소방학교, 교육원, 예술의 전당……
산사태의 흔적이 남아 있는 몇 개의 계곡을 지나고
우면산의 서쪽 끝에 이르니
꼬리를 무는 차량들이
천천히 기어 내려오는 남태령이 보이고
저 멀리 하늘 한 곳에서
연주대가 흐리게 눈으로 들어온다

마지막 인증 스탬프를 찍고 내려오니
길 건너에는 관악산으로 이어지는
둘레길 시작점이 보이고
이렇게 오늘도 50리 길의 여정이
사당역 지하철 속으로 마무리되어 간다

가양대교에서 구파발까지

대~한민국~ 짝짝~짝 짝~짝!!
오늘은 서울의 서쪽으로 왔다
14년 전의 흥분이 남아 있는 곳
도전하는 자에게
준비하는 자에게
꿈은 이루어진다

2002년 월드컵이 시작되던 날에
개통된 1천 700미터의 가양대교
다리 위의 좁은 인도로 들어서면서
오늘도 40리 길의 여정을 시작한다
머얼리 서쪽으로 행주산성이 보이고
외로운 갈매기의 나래짓 사이로
난지도의 쓰레기 산이 보인다

난초같은 수초들로 우거진
아름다운 우리들의 섬이었건만
인간의 욕심들이 버려져 쌓이고
쓰다 말고 버린 수많은 잔해들이
모여서 산이 되어 버린 곳
지금도 안으로 안으로 썩어 가면서
깊은 한숨 뿜어내는 곳이건만
푸른 숲으로 부끄러움을 감추었다

5조

그 아픔과 한이 맺힌 길에
살구 열매 알알이 열리고
메타세쿼이아 길에 사랑이 흘러간다
난지도의 인공산을 지나니
꿈이 이루어진 월드컵경기장이다
월드컵 4강 그것은 신화였다
우승보다 더 큰 꿈이었다

아련하게 남아 있는 흥분을 되새기며
다시 불광천으로 접어든다
삶의 번뇌와 불행을 부처님의 법으로 이겨내니
이 불광천을 거슬러 올라가면 광명이 있음이요
아래로 내려가면 무명의 난지도가 있음이라
청둥오리 토닥토닥, 잉어 한 쌍의 사랑싸움
어린 갈대들의 불광천 봄맞이 소풍놀이 뒤로하고
증산동으로 접어들어 작은 언덕길을 오르니
인증 스탬프 찍는 증산체육공원이다
다시 수색산을 지나 봉산으로 걸어간다

한양을 지키기 위해 만들었다는 봉수대
그 봉수대도 4개에서 2개로,
다시 5개로 발전했다는데
여기 봉산엔 2개만이 복원되어
서쪽으로는 머얼리 일산, 김포로

동쪽으로는 안산, 인왕산으로
연기 없는 무언의 소식을 전하고 있다

봉산 해맞이공원에 서니
독도까지는 442km이지만
평양까지는 187km밖에 되지 아니하는데
언제쯤에 저 평양까지 자유롭게 가보려나
봉산의 봉수대에 연기를 피우면 가능할까

왼쪽으로는 고양시, 오른쪽으로는 서울의 은평구
그 능선을 따라 봉산을 내려오니 서오릉이다
얼마나 좋은 땅이었기에
얼마나 자손만대 부귀영화를 꿈꾸었기에
왕릉이 무리 지어 터를 잡았을까
명당의 터를 잡은 지관은
그 터의 벌에 의하여 죽음을 맞이했다니
그의 무덤은 어디에 있을까
지관이 죽은 벌고개를 지나서
다시 앵봉산으로 오른다

오늘은 100인 원정대의 맨 끝에서 걷는다
후미에서의 걸음은 느긋함이 있어 좋다
그러나 우리가 마지막에 가야만 끝이 나니
그 책임 또한 가볍지 아니하다

앞서 빨리 가는 이에겐 보이지 아니하는
수풀 속에서 향기 피우는 더덕도 보이고
계절의 느긋함을 즐기며 이제야 잎 틔우는
키 큰 아까시나무 아래에서
생존의 경쟁을 위해 이른 새봄부터 잎을 피운
어린 아까시나무의 치열함

소나무도 꽃을 피우고
산딸기 꽃봉오리 맺어 예는 앵봉산
앵무새는 보이지 않지만
이름 모를 산새 한 쌍이
데이트를 즐기다가 후다닥 몸을 숨기고
한 뿌리에서 11개를 낳은 팥배나무에
나의 마음을 보태니 한 다스가 된다
팥배나무 아래로 펼쳐지는 애기나리 군락지
후미에서 즐기는 느긋함으로

앵봉산을 내려오니 마지막
세 번째 스탬프 찍는 곳이다
아파트촌으로 이루어진 뉴타운
북한산 자락의 구파발역으로 다시 걸어간다

봉산에서의 봉수대 통신이
파발마로 대신하면서 말이 쉬어가던 곳
다음 북한산 코스를 걷기 위해 다시 오리라
비가 내린다던 기상청의 빗나간 예보를 뒤로하고
구파발역 3호선 지하철에 지친 몸을 싣는다
먼저 간 대원들의 모습은 보이지 않고
그들이 남긴 행복의 향기만이 코끝을 스치운다

고덕에서 수서까지

위만 보고 걷지 말고
아래도 보고 걸어보자
앞만 보지 말고
뒤도 보고 걸어보자
왼쪽도 보고,
오른쪽도 보고
조금은 들꽃과 얘기도 하고
바람이 들려주는 노래도 들어보고
좀 더 느리게 걸어간들
누가 잔소리 늘어놓을까

대문 열어 놓고 왔는지
가스 밸브 잠그지 않고 왔는지
오늘은 너무도 바쁘다
모두들 전사가 되어 버렸다
둘레길 너머 남한산성 아래
특전사 용사들이 있어서인지
앞만 보고 걷는 걸음이 너무나 빠르다
그 빠른 걸음 먼저 보내고
은둔자의 마음으로
오늘도 뒤에서 걸어본다

고덕역, 명일공원 출발 전에
나의 발길을 멈추게 하는
노오란 나뭇잎 하나 주워서
100인 원정대 플래카드에 비추어 본다
오늘도 숲 해설가님의 가르침을 받아서
소나무 암꽃과 수꽃을 구별하게 되고

찔레꽃은 붉게 피는 것이 아니라
가슴 저 밑의 하얀 슬픔을 피우고 있고
아카시아 하이얀 꽃이 바람에 날리니
저 하늘 자락에서 떨어지는 옛 향기
꽃잎 따서 나누어 먹던 머나먼 그 시절의
동무들을 그리면서 걸어가는 길

명일공원, 상일동산, 일자산으로
오월의 신록이 노래하는 터널을 따라
강동구와 하남시를 넘나들며 걸어간다
고려말 한 신하가 현실 정치를 피해 은둔했다는 둔굴
일자산 둔굴 앞에서 잠시 휴식을 취하는데
어디선가 나타난 청설모 한 마리
은둔자의 호를 따라 서쪽에는 둔촌동
둔굴 동쪽으로는 초이동이 마주하고
은둔의 자리에 어울리게도
그 따스한 자락에 공동묘지가 자리 잡았다

이름 모를 영혼들의 쉼터를 떠나
일자산을 내려오니 서하남으로 이어지는 교차로
빨간불이 초록으로 바뀌니 이제 송파의 땅이구나
좁은 인도마저 자신들의 땅으로 이용하는
길 위에 늘어진 화분을 비집고 감이천을 건너
시골 같은 방이동 생태보전지역에서
인증 스탬프 또 하나

성내천 너머로 보이는 올림픽선수촌아파트
88올림픽의 향기가 남아 있지만
성내천의 이쪽과 저쪽의 모습은 너무나 다르다
오금교 밑을 지나 성내천을 거슬러 오른다
잉어 떼 물장구치는 성내천에서
오늘도 옹기종기 모여 앉아 도시락을 펼친다
저 머얼리 남한산성이 보이는데
시대를 외면하다 저 산성으로 쫓겨간 인조
산성을 내려와 어느 길로 삼전도에 갔을까
점심을 끝내고 다시 발걸음을 옮긴다
종착지 수서역까지 7.23km

거대한 콘크리트 구조물 아래로
외곽순환고속도로의 방음벽을 따라
장지동 장지공원에 들어서니
임경업 장군이 쉬었다는 장사바위
바위는 전설 속으로 사라지고
인간의 욕심에 따라 바위 하나 세워져 있다
나그네 잠시 앉을 수 있게
그저 바위 하나 눕혀 두었으면 좋으련만

약수터에서 나오는 물 한 모금 축이고
앞서가는 원정대 따라 발걸음 재촉한다
이팝나무 눈부시고 보리수 열매 주렁주렁
글 읽는 소리도 귓가에 도란도란
송파 글마루 도서관에서 잠시 쉬어간다

다시 아파트촌을 가로질러 내려가니
장지천이 우리를 맞이한다
느긋한 일광욕을 즐기는 오리 한 쌍
엄마를 뒤따르는 아홉 마리 새끼오리의 재롱
수선화 향기에 취해가는 장지천을 따라가니
청계천에서 밀려난 상인들이 모여 있는 곳
거대한 빌딩 가든파이브다

장지천이 끝나는 곳이 탄천과 만나는 곳
산은 물과 물을 갈라놓아도
물과 물은 다시 만나는 것을
이 탄천은 다시 한강과 만나리라
저 멀리 북한산 자락이 보이고
가깝게는 인간의 욕망으로 쌓아 놓은
거대한 빌딩이 눈에 들어온다

숯을 씻어 하얗게 할 수 있을까
애타는 장끼소리 바람에 날리는 탄천을 따라
무리 지어 걸어가는 원정대의 모습 위로
저 건너 강남의 땅이 보이고
몇 주 전에 걸어갔던 대모산이 보인다
햇살이 갈대숲 사이로 숨는 오후
광평교 밑 탄천을 건너서
일곱 번째 원정길을 마무리한다

고덕산에서 광진교로

서울의 동쪽 끝에
물이 오는 길 따라
사람이 오고
사랑이 오는 곳에
하늘이 열리던 그날부터 지금까지
남아 있는 기다림이 하나 있으니
오늘도 이루지 못한 목마름은
다시 한강으로 말없이 흘러간다

여기는 덕이 높은 땅
소인이 감히 범할 수 없는 땅
알 수 없는 까마득한 날에
두툼한 손으로 들짐승을 쫓고
돌 파편 하나 들고 양식을 구하며
움집 사랑의 역사를 만들었으니
그 흔적 유구히 남아 있는 땅

한강이 흘러가듯
세월이 흘러가도
돌의 역사는 남아 있는 것

다리가 행복하다
다리가 노래한다
매실이 열리고
장미가 피어나니
다리가 다리가 아니고
놀이터요 공원이어라

그대 이곳으로 오라
별이 내리는 밤에
넝쿨장미 홀로 외로운 광진교 위로
강바람 간지러운 이곳으로 오라
뮤직벤치에서 그대 장미 향기에 취해
그대 어깨에 기대어 잠들고 싶나니

구파발에서 국민대 앞까지

4월의 마지막 날에 띄웠던 파발마가
님의 소식 갖고 오늘 다시 돌아왔는데
꽃피는 봄날은 가고 여름이 오는 길목
어느 날에 님이 올까 가슴 아린 구파발
한강 이남의 굽이친 둘레길은 동서로 이어지고
광진교와 가양대교를 만나 남북으로 이어지니
이제 남은 북한산 둘레길 첫날의 여정
아침부터 태양은 거친 열기를 뿜어낸다

갈대숲 수초 우거진 진관내천을 따라 걸어간다
수초가 우거지니 향긋한 물 내음새 피어나고
냇물의 노랫소리에 물고기, 새들의 고향이 되었네
어느 야망의 정치가에 의해 조성된 뉴타운은
콘크리트로 만들어진 아파트 숲에 불과했다

진관내천이 시작되는 그 어디쯤에서 들리는
삼라만상의 고뇌를 씻어내는 독경 소리 따라가니
둘레길에 앉아 있는 선림사의 풍경 소리 아름답다

인증 스탬프 하나 찍고 구름정원길로 접어든다
둘레길 언저리에 숨어 있는 투박한 비석 3개
신을 모시는 한 인간의 꿈이런가
아버지 하늘을 성심으로 모시니
만물을 천지 부모로서 살피시고
어머니 이 땅을 성심으로 모시니
만물초목을 천지 어머니로서 소생시키나니

몇 주 전에 피었던 하얀 꽃 자리마다
산딸기 빠알갛게 익어가는 소리를 들어보라
해가 뜨고 별이 지고 아침이슬 반복되는 윤회 속에
어느새 초목에 핀 꽃은 지고 열매가 익어간다

가파른 계단을 올라서니 하늘전망대다
서울의 서부지역이 한눈에 들어온다
포토존의 곰돌이 포즈 따라 인증샷 남기고
불광동 독바위역을 내려다보면서 지나간다

독과 같이 생긴 독바위는 족두리봉으로 위엄을 지키고
4월 어느 날에 걸어갔던 불광천으로 부처님의 자비가 흘러간다
산길을 내려오니 장미공원에 오월의 장미가 화려하다
진달래 같은 아련함도 없고, 철쭉 같은 은은함도 없다
그저 화려한 화장으로 눈부시게 젊음을 뽐낼 뿐이다

구기터널로 이어지는 진흥로를 건너서 지친 목을 축이고
가파른 언덕길을 오르니 탕춘대성의 성곽으로 이어지는 능선길
힘들어도 고개 들어 뒤를 보지 않으면 후회도 못하는 것을
족두리봉, 향로봉, 비봉, 사모바위, 보현봉이 한눈에 들어온다

삼국시대의 영토싸움에 이긴 흥분을 비석으로 남겼으니
비봉의 암석 한 자락 잘라내는 그 힘든 역사에
또 얼마나 많은 민초의 목숨이 사라져 갔을까?
족두리봉에서 인왕산까지 이어지는 탕춘대성의 성곽
저 아래 홍제천 변엔 연산군의 연회장소 탕춘대가 있네
한번 가면 오지 못할 인생길에 무슨 한이 그리 많았을까

탕춘대성의 암문을 지나가니 구기터널 반대쪽이다
이북5도청으로 오르는 언덕길을 건너서 조금 내려가니
대로변 풀숲 안에 작은 하마비 하나 숨어 있다
경남 진해, 그 머언 웅천에서 여기에 와있다

얼마나 권력을 뽐내고 싶었으면
말에서 내리라고 돌표지를 세웠을까
인간들의 욕심은 예나 지금이나 다름없구나
세월의 종이에 시를 쓰는 닥나무 한 그루
지난한 아픔이 한 잎의 푸르럼에 녹아 있다

쥐똥나무 꽃향기 피어나는 대로를 걷는다
뙤약볕 맞으며 한참 내려가다 왼쪽으로 올라가니
전심사 입구 평창동 마을 길이 시작된다
길고 긴 아스팔트 길이 10리를 넘는다
죽어서도 가보지 못할 고급주택이 늘어선 길
여기가 서울인가 의아스런 유럽풍의 마을이다

높은 담장 옆으로 누구는 외제차를 타고 가는데
나는 어이해 땀에 젖은 두 발로 걸어가는 것일까
있는 자의 적막함 속으로 없는 자의 움직임
담쟁이 넝쿨의 아름다운 가면 뒤에
새하얀 장미꽃의 미소가 서럽게 울고 있다

길가에서 울고 있는 깨어진 돌부처(?) 달래며
오디열매 따먹으니 개구쟁이 다름없다
형제봉이 저만치 눈앞에 다가오는데
흰 눈처럼 휘날리던 팥배나무 가지마다
어느새 열매는 푸르게 영글어 가고
그렇게 걷고 걷다 보니 어느새 형제봉 입구다
스탬프 하나 다시 보태고 숲속을 들어서니
형제봉에서 발원하는 계곡물이 시원하다
부처님의 자비로 뭉쳐진 나무미륵대불 지나니
형제봉 갈림길이요 이제 오늘의 끝이 보인다
자연스레 눈에 들어오는 연리목을 바라보며
명상길에서 아홉 번째 여정을 마무리한다

북한산 국민대에서 우이동까지

거대한 콘크리트 구조물이 자동차를 끌어안고
북악터널 속으로 바람처럼 사라지는 아침
이상보다 현실탐구에 지쳐가는 상아탑 아래
허리 굽은 젊은이의 한숨 소리가
형제봉에 부딪혀 사라지는 아침
발걸음 잠시 옮기니
이름도 서글프게 명상길이다
어디서 왔다가 어디로 가는지
시간을 가르는 자동차의 경적이
짙어가는 녹음 위에 파르르 앉으니
두려움에 숨죽인 적막한 시간이 깨어난다

얼마 가지 않았는데
푸른 계곡 위에서
보현봉, 대성문이 눈 안으로 내려온다
정릉계곡으로 이어지는 시원함이 귓불을 스치고
봉우리 근처에 부처님을 모신 선사의 용기가 부럽다
보현봉을 배경으로 인증샷을 담고 내려가니
북한산국립공원 정릉유원지 계곡이다

정릉은 여기서 한참이나 먼 곳에 있건만
누군가는 이렇게라도 그녀를 기억하고 싶었나 보다
신덕왕후, 조선 초기에는 왕비로서 권세를 누렸으나
이제는 인간들의 놀이마당 이름에 사용되고
왕자의 난에서 패자가 되니
죽어서도 편치 못한 영혼이여
무덤을 지키던 돌은
청계천 광교에서 역사로 남아 있다

공원 입구에서 인도를 따라 한참을 내려오다가
따가운 햇볕에 약간은 짜증이 날 즈음에
다시 왼쪽으로 아스팔트 길을 걸어 오른다
아스팔트 위에서 달구어진 몸뚱아리가
가파른 계단 길에 지쳐갈 즈음
평탄한 솔샘마당에 들어선다
잠시 지친 몸을 얼음물로 달래고
솔샘 길을 따라 발걸음을 재촉한다

칼바위 능선 아래라서 물이 많았던가
지친 몸을 쉬지도 못하고 가사를 돌보아야 하는 아낙네들
시어머니 옷을 방망이로 내리치며
쌓인 한을 뱉어 내는 동병상련의 인생들
아낙들의 끝없는 수다가 눈가를 스치는데
서러운 세월은 역사 속으로 사라지고
산을 내려오는 인파만이 빨래골을 메운다

빨래골 공원 입구에서 둘레길을 따라 돌계단을 오른다
돌계단이 끝나고 잠시 평탄한 길이 이어지니
눈앞에 나타나는 구름전망대다
흘러가는 구름이 쉬어가는 곳인가
흘러가는 구름을 전망하는 곳인가
아무렴 어떨까 내가 구름이고 구름이 나인 것을
구름 위에서 쉬어가듯 착각에 빠진다
백운대, 인수봉은 칼바위로 달려오고
도봉산은 오봉산과 다정하게 걸어오네
철쭉꽃 만발하던 날 저 멀리 힘들게 걸었던
수락산, 불암산이 당고개로 이어지고
망자들의 숲이 자리한 망우리, 용마산, 아차산
한강 그 너머로 하늘로 용솟음치는 빌딩이 손짓한다
구름전망대를 내려와서 숲길을 헤치니 화계사 입구다

언덕길로 접어드는 둘레길을 한걸음 힘겹게 내딛는데
생명의 끈질김을 보여주는 갈참나무 한 그루
인간들의 발길에 삶의 터전은 뭉개진 지 오래건만
그래도 차마 죽지 못하고 더 깊이 뿌리내린 처절함이여
이마에 맺힌 몇 개의 땀방울이 이보다 더 힘들까……

바람에 날려가는 흰 구름을 멀리하고
다시 순례의 길로 접어든다
백운대 인수봉 자락 언저리마다
동에서 떠오르는 태양을 맞이하며
동포마저 외면한 외로운 이 숲속에
나라 위해 몸 바치시고 사라져 가신
열사와 의사의 쉼터가 있었다
걷는 걸음마다 님의 침묵이 깨어지고
스치는 바람마다 속죄의 무게가 더해진다

북한산 둘레길, 순례길 구간……
무력으로 항거하여 나라를 구하면 의사요
맨몸으로 항거하여 나라를 구하면 열사라
조국의 독립을 위해 사랑도 가족도 버렸건만
죽어서도 국가의 따스한 손길은 멀어지고
이 산자락 여기저기에 흩어져
민초들의 발걸음에 외로움을 달랜다
17위의 광복군은 무거운 총칼을 내려놓고
이곳 합동묘역에 지친 심신을 맡겼다

독립을 위한 고귀한 정신은 망각되고
자신의 이익을 좇는 권력자들의 부정부패
자신들의 권력 유지를 위한 독재정권에 항거하며
혁명으로 몸 바치신 4.19의 영령들이시여
4.19 묘지 뒤로 저 멀리
4기 원정대 첫날에 걸어갔던
망우리, 용마산, 아차산이 조용히 눈에 들어온다
이 땅의 민주주의를 위해 젊음을 바치신 영령들은
언제쯤 혁명이 완수되어 영면에 들 수 있을까
소나무 숲 사잇길로 무거운 발걸음을 옮긴다

4.19 국립묘지를 뒤로하고 조금 내려가니
도봉산 정상이 눈에 들어오는 보광사이다
길옆 오른쪽을 보니 신갈나무 연리지가 있다
5코스 석수역 가는 길에는 연리지 안내판이 있었건만
보광사 이곳에는 아무도 알아주는 이 없네
보광사 언덕을 내려오니 솔밭공원이다
솔밭이 아니라 울창한 소나무 숲이다
뒤편에서 백운대 인수봉의 기를 내려받아
사시사철 도시를 향해 그 기를 보낸다

울창한 소나무 사이로
백운대, 인수봉이 내려다보이는 뜨거운 오후
북한산 기슭의 숲속에 울려 퍼지는
산새들의 노랫소리 여운으로 남겨 두고
솔밭공원을 벗어나 소나무 숲길로 들어선다
백운천으로 가는 길이 멀지 않았는데
숲속 언저리에 제일교회와 송주사가 가까이 있다
아미타 부처님은 교회를 등지고……
안타깝다 믿음은 하나일진데
모래알처럼 흩어지는 속세의 아픔이
녹음이 짙어가는 이 숲속에서도 치유되지 못하고
기나긴 속 쓰림으로 밤을 새워야 하나니

손병희 선생의 묘소를 지나니 주택가 골목이다
소나무 몇 그루가 지붕을 뚫고 멋을 부린다
그 멋에 취해서 사랑을 나누는 젊은이들
나에게도 저런 날이 있었던가……
시대가 나를 외면했었고
내가 세월을 멀리했었나 보다

삶 Ⅲ

비바람이 몰아쳐도
눈보라가 내리쳐도
무심한 발길에
내 삶의 기반이
무너져도
우린 뿌리 맞잡고
죽지 않으리라
끝까지
살아남으리라

우이동에서 도봉산역까지

이제 끝이 보인다
오늘이 가고 1주일이 흘러가면
추억의 갈피 사이로 수줍게 써 내려간
그대와 함께했던 이 길 위의 순간들이
내 가슴 한 켠에 오롯이 남아 있으리
혹독한 겨울의 시련을 이겨내고
만물이 봄을 맞이하던 날에
설레임으로 만나 첫걸음 내딛고
짙은 녹음으로 물들어가는 유월에
마지막 퍼즐이 맞추어지는
아 ~~~ 이 황홀함
그대와의 첫 만남이 소녀처럼 수줍었다면
에필로그를 남겨 둔 오늘의 만남은
아직도 고백을 못한 소년의 마음 같아라

백운대로 오르는 초입에 붐비는 등산객
북적이는 인파를 뒤로하고 백운천으로 들어서니
계곡을 막은 콘크리트 아래로 폭포가 떨어진다
한 그루 소나무를 지키기 위해
얼마나 많은 고뇌의 밤을 보냈던가
건물 벽을 뚫고 얼굴 내민 소나무 한 그루가
둘레길의 나그네를 즐겁게 한다
계곡 옆에는 공사가 중단된 채 버려진 개발의 현장
인간들의 욕심은 어디까지 이 자연을 파괴할 것인지
북한산 자락에 리조트 개발이 허락된 것도 의아스럽다

백운천을 내려오니 우이령 길
여기도 땅속을 파헤치고 경전철 공사가 한창이다
우이령으로 이어지는 도로를 건너니
이제 도봉산으로 접어든다
도봉구와 강북구가 경계를 이루는
방학동 고갯길을 오르니
왕실묘역길 입구다

스탬프 하나 다시 보태고 산속으로 들어선다
방학동 고갯길을 잠시 오르니
북한산 둘레길 이정표가 위치한 삼거리
신갈나무와 아까시나무가 함께 자란 연근목이 눈에 들어온다
서울둘레길을 걷다 보니 이런 모습이 이젠 자연스럽다

언덕을 내려오니 연산군 묘역이다
방학동 민가 근처에 자리잡은 폭군의 가족들
연산군도 권력에 눈먼 신하들의 희생양은 아니었는지
가슴에 맺힌 한을 탕춘대에서 술로 달랜 것은 아닌지
무덤 앞에서 830년을 살아온 은행나무는 진실을 알겠지

600년의 원당샘에서 솟아나는 샘물로 목을 축이고
다시 방학로를 건너니 정의공주묘소 앞이다
세종대왕의 총애를 받았을 공주의 모습이
방학로 한 편에 자리 잡은 무덤처럼 예뻤으리라
공주의 묘소를 뒤로하고 다시 산길로 접어든다

얼마쯤 걸었을까
쌍둥이 전망대다
북한산의 백운대, 인수봉
도봉산의 신선대, 자운봉

다시 동쪽으로 고개를 돌리니 불암산, 수락산
저 멀리 망우리, 용마산, 아차산이 흘러간다
그리고 오른쪽으로 구름 한 조각 그 하늘 아래
관악산, 대모산, 구룡산이 있겠지
산과 산을 이어주는 실개천이 흐르고
그 작은 개천들이 모여서 한강을 이루나니
서울둘레길에 물이 없다면
길이라 할 수 없고
서울둘레길에 사람이 없으면
또한 길이라 할 수 없으리라

쌍둥이전망대를 내려오니 무수골이다
근심이 없는 이 골짜기
300년의 세월이 흘러간 이곳이 서울인가 의심스럽다
도봉초등학교 농사 체험장을 뒤로하고
다시 언덕길을 오른다

울창한 신록에 묻혀서
풀 한 포기 함께하지 못하고
무너져 가는 초라한 무덤들
우리네 인생도 저와 같을진데
길가에 삐뚤어진 문인석 하나
나그네 갈 길을
말없이 안내하고 있다

자운봉, 선인봉, 만장봉 아래
도봉사, 능원사가 아늑하다
황금으로 빛나는 사찰을 뒤로하고
도봉천 통일교를 건너니
어느새 도봉산 입구 도봉탐방지원센터다
마지막 스탬프를 찍으니
미완성에서 완성으로 이어지는
이 순간의 쾌감을 누가 알리요
서울을 한 바퀴 걸어서 연결하는 마지막 이 순간을

에필로그

길 ~
서울둘레길은

그대를 만나기 위한 공간이요
과거를 만나기 위한 시간이요
미래를 만나기 위한 꿈입니다

산은 길을 막고
물은 길을 열어

나는 산이 막은 길을 넘었고
너는 물이 열어 놓은 길로 다가왔지

그대를 만나서 행복했고
과거를 만나서 즐거웠으며
미래를 만나서 신이 났습니다

서울둘레길은
길이 아니라
만남의 공간이요 만남의 시간
만남은 행복이니
서울둘레길은 행복이었습니다

서명(書名)에 대하여

어느 초가을 아침
낙엽 한 잎이 귀를 스치면서 말한다.
이 시집의 이름을 왜 「구름아 바람아」로 지었냐고

구름은 우리에게 풍요로운 삶을 주기도 하고,
재앙을 가져다주기도 한다.
가뭄이 지속되어 대지가 메말라 갈 때에
저 멀리서 몰려오는 검은 구름은
농부에겐 그 무엇과 바꿀 수 없는 선물이다.

그러나 한여름 폭풍우가 몰려올 땐
우리는 두려움과 공포에 떨어야 한다.

그 모양도 가지가지다.
깃털구름, 양털구름, 뭉게구름
천사 같은 얼굴로 다가오기도 한다.

바람에 두둥실 흘러가는 구름에
우리의 덧없는 인생을 비유하기도 한다.
뭉쳐졌다가 흩어지고 사라지는
웃음도 주고, 눈물도 주는 구름

반평생을 살아오면서
생의 순간순간들
구름이라 부르고 싶었다.

사랑은 바람과 같다.
찬바람
더운 바람
시원한 바람
산들바람
하늬바람
높새바람
남동풍
북서풍
홀연히 왔다가
말없이 가버리는 바람
우리의 사랑을
한줄기 「바람」이라 부르고 싶었다.

지은이 **김 태 호**

- 경북 영양 출생
- 서울시립대학교 세무학과 졸업
- 서울시립대학교 세무대학원 졸업, 세무학박사
- 2013년 부산시인협회 등단
- 서울시청 근무(1989~2011)
- 한국지방세연구원 근무 중(2012~현)

< 저서 >

- 「지방세 이론과 실무」, 1997~2018
- 「지방세개론」, 2002~2018

구름아 바람아

인쇄일 2018년 08월 03일
발행일 2018년 08월 13일

지은이 김태호
펴낸이 이서원
펴낸곳 세연T&A
등　록 1999년 9월 17일 제302-2003-000046호
주　소 서울시 용산구 한강대로76길 16 영진빌딩 2층
전　화 02-798-0048
팩　스 02-798-0049
홈페이지 www.sytaxbook.com 또는 세연티앤에이.한국

ISBN 978-89-92145-63-3 03810

정가 12,000원

---

* 이 인쇄물(본문, 표지)은 포천 막걸리체를 사용하여 디자인되었습니다.